Annerose Naber
Sabine Latorre

Das kreative Sachbuch „SCHNECKE"

Herausgeber: Kreide, Frankfurt

Idee und Gesamtkonzept: Annerose Naber und Sabine Latorre, Heidelberg

Grafik: Ingrid Neelen, Düsseldorf

Druck: ALS-Verlag GmbH, Dietzenbach

Bestell-Nr. 29.766

ISBN 3-89135-114-3

Die Deutsche Bibliothek – CIP-Einheitsaufnahme

Naber, Annerose:

Das kreative Sachbuch „Schnecke" / Annerose Naber ; Sabine Latorre.

[Hrsg.: Kreide]. - Dietzenbach : ALS-Verl., 2001

   (Das kreative Sachbuch)

   ISBN 3-89135-114-3

Fotonachweis:

Annerose Naber (Titel, Seite 5, 6, 8, 10, 11, 19, 22, 29, 31)

Michael Huber (Seite 7, 21)

Sabine Latorre (Seite 12, 16, 18, 20, 24, 25, 32, 33)

Karin Senger (Seite 12, 14, 16)

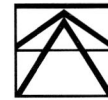

Allgemeiner Lehrer-Service Tel.: 0 60 74/8 21 60
ALS-Verlag GmbH   Fax: 0 60 74/2 73 22
Postfach 14 40   http://www.als-verlag.de
63114 Dietzenbach   e-mail: info@als-verlag.de

Inhaltsverzeichnis

Vorwort

Die „Kreative Sachbuch Reihe" des ALS-Verlags bietet ein Spektrum von Informationen zu einem jeweils ausgewählten Thema aus den Bereichen Kunst, Musik, Wissenschaft und Gesellschaft sowie kreative Aspekte. Dazu jede Menge Umsetzungsmöglichkeiten für praktische und kreative Beschäftigungen und entdeckendes Lernen mit Kindern.

Der vorliegende Band hat die Schnecke zum Thema und informiert über das Vorkommen, den Lebensraum und die Lebensgewohnheiten der am häufigsten bei uns vorkommenden Schneckenarten: die Weinbergschnecke und die Große Wegschnecke werden ausführlich vorgestellt. Zahlreiche andere Arten werden ebenfalls aufgeführt und erklärt.

Ein Mitmach-Gedicht, ein Lied, Spiele zum Thema Schnecke, kunterbunte Musterschnecken und Schnecken aus Ton, Steinen oder Kleisterpapier regen zu einer vielfältigen kreativen Umsetzung an. Die Schnecke im Sprachgebrauch, humorvolle Gedichte und leckere gebackene Schnecken runden das Thema ab. Den Abschluss bildet die Auseinandersetzung mit der Schnecke in der Bildenden Kunst.

Die Reihe richtet sich vor allem an pädagogische Fachkräfte, die mit Vorschulkindern oder Schulkindern bestimmte Inhalte fächerübergreifend erarbeiten wollen. Aber auch interessierte Eltern erhalten zahlreiche Anregungen, um ihrem wissbegierigen Kind Fragen rund um das Thema zu beantworten und es praktische und kreative Erfahrungen machen zu lassen. Die Autorinnen haben viel Wissenswertes und Interessantes zusammengetragen und in der Praxis erprobt, sodass jedes Büchlein ein kompaktes Informationswerk darstellt.

Lisa sitzt ganz still, damit
sich die Schnecken nicht in ihre
Häuser zurückziehen

Artenvielfalt und Lebensraum

Schnecken gibt es weltweit in fast 100.000 Arten. Sie alle gehören zu den Weichtieren, d. h. sie haben einen weichen Körper ohne Innenskelett.

Manche Schnecken atmen durch eine Atemhöhle, ihre Lunge, und werden deshalb **Lungenschnecken** genannt. Zu dieser Gruppe gehören alle Schnecken, die an Land leben und eine kleine Anzahl von Wasserschnecken, die zum Atmen an die Wasseroberfläche kommen müssen (Wasserlungenschnecken).

Kiemenschnecken (s. S. 16) füllen ihre Atemhöhle mit Wasser und besitzen Kiemen, mit denen sie den Sauerstoff aus dem Wasser aufnehmen können. Die Mehrzahl aller Wasserschnecken in Süß- und Salzwasser gehört dieser Gruppe an.

Im Folgenden werden nur die bekanntesten bei uns lebenden Schnecken vorgestellt.

Häuser von jungen und ausgewachsenen Weinbergschnecken

Die Weinbergschnecke (Helix pomatia)

Lebensraum

Weinbergschnecken leben nicht nur in Weinbergen. Zu sehen sind sie an Waldrändern, auf Wiesen und in Gärten in ganz Europa, außer in den kühleren Regionen Nordskandinaviens. Weinbergschnecken sind ausgesprochene Feuchtlufttiere, an Regentagen kann man sie auch tagsüber in Massen sehen, an heißen und trockenen Sommertagen kommen sie erst mit der Dämmerung aus ihren Verstecken unter Blättern, Steinen oder Baumstümpfen hervor und gehen nachts auf Nahrungssuche.

Weinbergschnecke

Aussehen

Das Auffälligste an der Weinbergschnecke ist ihr kugeliges, spiralig gedrehtes Gehäuse. Dieses ist weißgrau oder gelblichbraun und kann bis zu 4 cm hoch sein. Es besteht hauptsächlich aus Kalk, den die Schnecke aus vielen Drüsen absondert. Das Gehäuse von jungen Schnecken besitzt nur zwei Windungen. Bis die Schnecke mit drei Jahren ausgewachsen ist, wächst es am unteren Rand ständig weiter. Der älteste Teil des Gehäuses ist deshalb die Spitze. Bei Trockenheit oder Gefahr kann die Schnecke ihren ganzen Weichkörper in dem Gehäuse in Sicherheit bringen. Ein erstarrtes Schleimhäutchen vor der Öffnung schützt sie vor Feuchtigkeitsverlust.

Im Schneckenhaus liegen Herz, Atemhöhle, Leber und Darm der Schnecke. Geht das Schneckenhaus kaputt, z.B. weil jemand darauf tritt, stirbt die Schnecke. Der Schneckenkörper ist weich und mit einem klebrigen Schleim bedeckt, an der Unterseite befindet sich der muskulöse Fuß bzw. die Kriechsohle. Am Kopfende des Fußes sitzen ein großes und ein kleines Paar Fühler.

Fortbewegung

Eine Schnecke kriecht auf ihrer platten Fußsohle vorwärts, ohne diese vom Boden abzuheben. Muskelbewegungen ziehen dabei auf der Sohle wie Wellen von hinten nach vorne, jede Welle bringt die Schnecke ein Stückchen vorwärts. Den Weg, den eine Schnecke zurückgelegt hat, kann man an der Schleimspur erkennen. Dieser Schleim wird von einer Drüse am vorderen Ende der Fußsohle ausgeschieden, so dass die Schnecke beim Fortbewegen immer auf der schleimigen Bahn kriechen kann. So macht es ihr auch nichts aus, über raue oder trockene Flächen zu gleiten, selbst Glasscherben oder Rasierklingen überwindet sie.

Schnecken sind ausgesprochene Kletterkünstler: ohne Probleme können sie Bäume hinauf oder kopfüber eine steile Mauer hinunter kriechen. Wenn sie es „eilig" haben, weil sie z. B. auf Nahrungssuche sind, können Weinbergschnecken in einer Minute etwa 7 Zentimeter zurücklegen.

An der Schleimspur gut zu erkennen: hier war eine Schnecke unterwegs!

Sinnesorgane und Atmung

Mit den beiden kleinen Fühlern unten am Kopf kann die Schnecke Gerüche aufnehmen und sich vorwärts tasten. Die beiden großen Fühler sind beim Kriechen immer ausgestreckt. An ihrer Spitze sitzen die Augen der Schnecke, mit denen sie Hell und Dunkel unterscheiden und Umrisse wahrnehmen kann. Stoßen die Fühler gegen ein Hindernis oder werden sie berührt, kann die Schnecke sie nach innen stülpen.

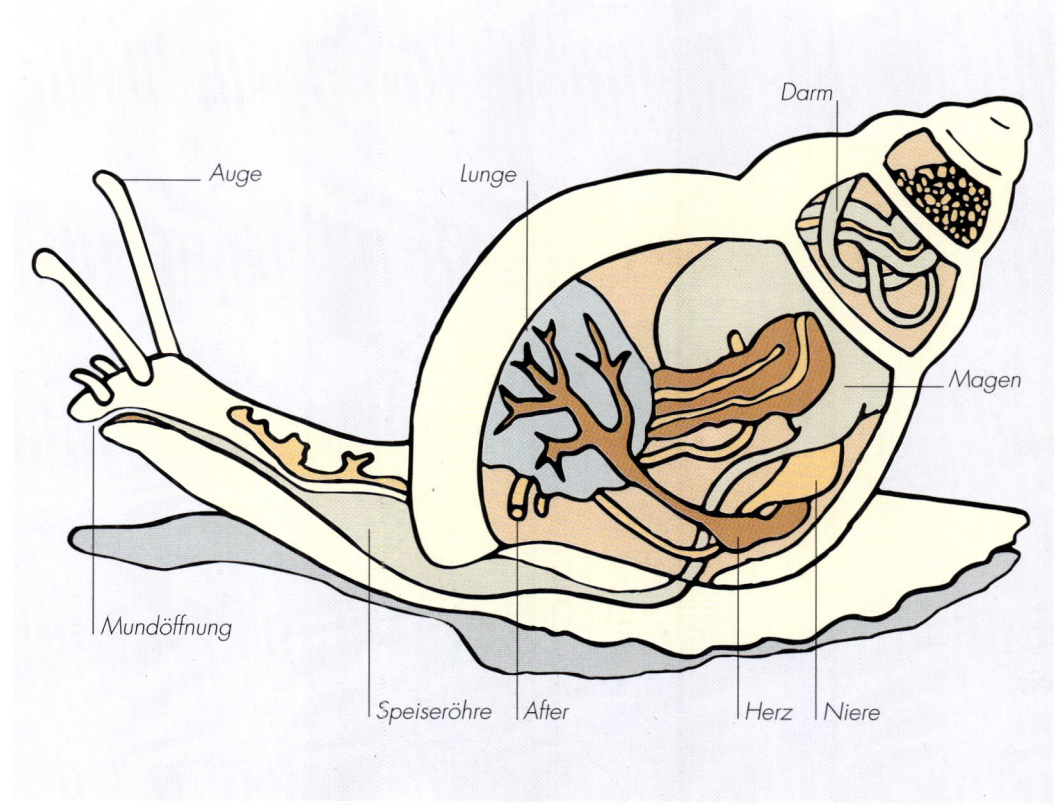

Schaubild Schnecke

Zwischen dem Gehäuserand, auch Mantelrand genannt, und der Fußsohle befindet sich das Atemloch der Schnecke. Dieses kann die Schnecke auch dann noch öffnen und schließen, wenn sie sich in ihr Haus zurückgezogen hat. Die Luft strömt durch das Atemloch in die Atemhöhle, die Lunge der Schnecke. Durch viele feine Äderchen wird Sauerstoff aufgenommen und mit dem Blut zum Herzen der Schnecke transportiert. Dieses pumpt das Blut durch Arterien in den Körper.

Nahrung

Weinbergschnecken fressen überwiegend Stängel und Blätter von frischen Kräutern, Gemüse und Blumen. Auch die Eier ihrer Verwandten, der Nacktschnecke, stehen auf ihrem Speiseplan.

Fraßschäden durch Schnecken: Hier abgefressene Bohnen-pflanzen

Zum Fressen presst die Schnecke ihren Kopf auf die Nahrung und öffnet und schließt ihren Mund. Dabei bewegt sie ihre Zunge, die mit vielen winzigen Zähnchen aus Chitin bedeckt ist, und raspelt kleine Stückchen der Nahrung ab.

Mit ihrem Oberkiefer kann sie auch größere Pflanzenteile abbeißen, die dann in der Mundhöhle zerkleinert werden.

Weinbergschnecke beim Ausscheiden von Kot

Wegen dieser mühsamen und langsamen Art der Nahrungsaufnahme richtet die Weinbergschnecke in Gärten nur geringen Schaden an.

Ihren Kot scheidet die Schnecke in Form eines dicken, fast schwarzen Fadens zwischen Mantelrand und Fußsohle aus.

Fortpflanzung

Weinbergschnecken werden mit ca. 3 Jahren fortpflanzungsfähig. In jeder Schnecke entwickeln sich dann Eier- und Samenzellen, denn bei den Weinbergschnecken gibt es keine Männchen und Weibchen, sie sind beides gleichzeitig. Zweigeschlechtliche Tiere nennt man Zwitter.

Zwei bis drei Wochen nach der Begattung werden die etwa erbsengroßen, befruchteten, reifen weißen Eier in eine kleine Höhle gelegt. Diese Höhle hat die Schnecke zuvor mit ihrem Kopf in die Erde gebohrt, nach der Eiablage bedeckt sie die Eier wieder. Auch Löcher unter großen Steinen oder Spalten in einem Holzhaufen sind gute Plätze für das Gelege.

Nach etwa 6 Wochen schlüpfen 40 bis 60 junge Schnecken aus. Weinbergschnecken können mehrmals im Jahr Eier legen, sie können 6 Jahre alt werden.

Kalkdeckel von Weinberg-
schnecken

Überwinterung

Im Herbst kriechen die Schnecken unter Laub oder Moos in die Erde und ziehen sich in ihr Haus zurück. Die Öffnung wird mit einem festen Deckel aus Kalk verschlossen. Den Winter verbringen die Schnecken in Winterstarre. Sie zehren von Nahrung, die sie vorher gespeichert haben.

Sobald es im Frühling wärmer wird, beginnen sie sich wieder zu regen und stoßen den Kalkdeckel ab, um sogleich auf Nahrungssuche zu gehen.

Weitere Landschnecken

Schnirkelschnecke

Gartenschnirkelschnecke

Die Gartenschnirkelschnecke ist mit einer Länge von ca. 4 cm nicht so leicht zu entdecken. Ihr schönes weißgelbes Gehäuse mit rötlichen oder braunen Streifen ist nur gut 2 cm breit und 1,5 cm hoch. Der Gehäuserand ist hell. Diese Schnecke liebt lichte Wälder und das Gebüsch. Wir finden sie in Mittel- und Westeuropa, Südskandinavien und Nordamerika.

Hainschnirkelschnecke

Überall in Hecken, Gemäuer und Gebüsch, in Gärten und Parkanlagen lebt die Hainschnirkelschnecke. Ihr Gehäuse ist etwas größer und ebenfalls mit braunen Streifen versehen. Der Gehäuserand ist rotbraun bis schwarz. Verbreitet ist sie in Mittel- und Westeuropa.

Hainschnirkelschnecke

Bernsteinschnecke

Bernsteinschnecke

Das Gehäuse der Bernsteinschnecke ist spitz und eiförmig. Es ist 16 bis 22 mm hoch, 8 bis 11 mm breit, und ist bernsteinfarben oder gelbgrün gefärbt. Diese Schnecke lebt auf feuchten Wiesen und auf Uferpflanzen, z. B. an einem Gartenteich. Verbreitet ist sie in ganz Europa und West- und Nordasien.

Schnecken leben auch auf Bäumen und Blättern

Wasserlungenschnecken

Diese Schneckenarten leben in Tümpeln, Teichen und langsam fließenden Bächen, in denen viele Pflanzen wachsen. Die Wasserlungenschnecken müssen zum Atmen an die Wasseroberfläche kommen und besitzen nur ein Paar Fühler.

Große Schlammschnecke

Die größte bei uns lebende Lungenschnecke mit Haus ist die Große Schlammschnecke. Ihr Schneckenhaus ist nicht rund, sondern spitz und kann bis zu 6 cm lang und 3 cm breit sein.

Posthornschnecke

Die Posthornschnecke hat ein flaches Gehäuse, das nur 1–1,4 cm hoch und bis zu 3 cm breit ist und große Ähnlichkeit mit einem Posthorn hat.

Sieben kecke Schnirkelschnecken

(Josef Guggenmos)

Sieben kecke Schnirkelschnecken
saßen einst auf einem Stecken,
machten dort auf ihrem Sitze
kecke Schnirkelschneckenwitze.
Lachten alle so:
„Ho, ho, ho, ho, ho!"

Doch vor lauter Ho-ho-Lachen,
Schnirkelschneckenwitze-Machen,
fielen sie von ihrem Stecken:
alle sieben Schnirkelschnecken.
Liegen alle da.
Ha, ha, ha, ha, ha!

Lungenschnecken ohne Haus

Rote Nacktschnecke

Schwarze Nacktschnecke

Große Wegschnecken (Arion rufus)

Vorkommen

An feuchten Stellen in Laubwäldern, Hecken, Wiesen, Gärten und Parks leben die Wegschnecken. Nach einem kräftigen Regen treten sie oft in Scharen auf und kriechen über Wege und Straßen. Wegschnecken gibt es von Nordspanien bis Südskandinavien, in Großbritannien und Island.

Aussehen

Die Große Wegschnecke kann 15 bis 20 cm lang werden. Ihr Körper ist runzelig und rot, braun oder schwarz gefärbt. Der Fußrand ist immer rot.

Wie die Weinbergschnecke besitzt auch die Wegschnecke ein großes Fühlerpaar mit Augen und ein kleines zum Riechen und Tasten. Gleich hinter dem Kopf beginnt das Mantelschild, in dem auf der rechten Seite das Atemloch liegt. Die Organe der Wegschnecke liegen im Gegensatz zur Weinbergschnecke im Schneckenkörper.

Nahrung

Die große Wegschnecke ist ein Allesfresser. Sowohl pflanzliche Nahrung als auch Aas sind auf ihrem Speiseplan. Da sie sich gern Gemüse und Blumen zum Fressen aussucht und diese dann bis zur Wurzel abfrisst, ist sie bei Gärtnern sehr unbeliebt (s. Seite 22). Allerdings „räumt" sie in Gärten und Wiesen auch auf: faules Obst, welke Blumen oder tote Regenwürmer werden Nacht für Nacht vertilgt.

Auch an Blättern knabbern Nacktschnecken sehr gern.

Mit Riesenappetit macht sich die Nacktschnecke über den Apfel her.

Fortpflanzung

Im August und September sind die sich paarenden Wegschnecken zu sehen. Sie sind wie die Weinbergschnecken Zwitter. Ihre Eier legen sie gern in Erdlöcher oder Komposthaufen. Die Eier überwintern in der Erde und die kleinen Wegschnecken kommen dann im nächsten Frühjahr an die Oberfläche.

Weitere Landschnecken

Die **Gartenwegschnecke** wird nur 3–4 cm lang und ist hellbraun, grau oder dunkelbraun gefärbt. Die Fußsohle ist gelblich bis orange. Diese Schnecke ist ein äußerst gefräßiger Vertreter und richtet in Gärten großen Schaden an, genauso wie die 4 bis 6 cm lange **Gemeine Ackerschnecke**.

Kiemenschnecken

Meeresschnecken werden gern als Souvenir verkauft

Die **Wellhornschnecke** ist mit ihrem spitzen bis zu 11 cm hohen Gehäuse die größte bei uns lebende Schnecke überhaupt. Sie ist hauptsächlich in der Nordsee und an der Atlantikküste zu finden, seltener in der Ostsee und im Mittelmeer. Oft liegen am Strand leere Gehäuse der Wellhornschnecke herum, die Schnecke selbst lebt sowohl am Strand als auch in 200 m Tiefe des Meeres.

Massenhaft tritt die **Gemeine Strandschnecke** auf. In der Gezeitenzone der Nordsee und bis in etwa 15 Metern Tiefe lebt sie an Pfählen, auf Steinen und Felsen und ernährt sich von Grün- und Kieselalgen, die sich dort ablagern. Ihr braunes Gehäuse ist eiförmig und etwa 3 cm hoch.

Sissi, Peter und Anni sammeln am Strand Häuschen von Meeresschnecken

Wo man Schnecken findet

In Wiesen und Trockenhängen mit kalkhaltigen Böden leben Arten, die Trockenheit, warme Temperaturen und Sonne vertragen (z. B. Helicella-Arten). Das Gehäuse ist nicht nur zum Schutz gegen Feinde vorhanden, sondern dient in erster Linie zur Regulierung der Feuchtigkeit und schützt vor dem Austrocknen.

Viele Schnecken leben im Wald: Man findet sie unter Laubschichten, Steinen und Altholz, an Pflanzen (meist unter deren Blättern und an Stängeln), am Grund von Gräsern und an Baumstämmen. Nadelwälder sind hingegen artenarm. Waldgebiete verfügen meist über ein feuchtes und ausgeglichenes Klima mit unterschiedlichen Nahrungsquellen und Rückzugsgebieten, die für Schnecken von großer Bedeutung sind.

Sehr viele kleine Arten leben im Mulch, im Laub und in lockerer Erde, die sich auf Felsvorsprüngen und Felsstufen ansammelt, einige Arten direkt auf Felsen (wie z. B. Felsenschnecken). Dazu lebt hier noch die häufig vorkommende Felsen-Pyramidenschnecke, die so klein wie ein Stecknadelknopf ist. Die Arten, die an Felsen leben, vertragen Trockenheit und sind mit Nahrungsansprüchen sehr genügsam.

An Wald- und Wiesenbiotope schließen sich oft Hecken und Buschwerk an, die ebenfalls gute Rückzugsgebiete für Schnecken bieten. Auch kommen Schnecken bis in höhere Gipfelregionen, noch über der Baumgrenze, wie z. B. auf Almböden unter Steinen, vor (Glasschnecken, Windelschnecken).

In Feuchtbiotopen, besonders in Mooren, leben wenig Schnecken (z. B. Bernsteinschnecken, Glänzende Dolchschnecke). Wasserschnecken und Muscheln findet man in den kleinsten Wiesentümpeln und Wasserlachen sowie in den großen Seen, in Zonen ruhigen Wassers, in der Brandungszone und in schnell fließenden Gewässern. Wasserschnecken und Muscheln sind meist ein guter Indikator für die Qualität des Wassers, obwohl es immer Arten gibt, die gegenüber Verschmutzungen sehr tolerant sind, so z. B. die „Gemeine Schlammschnecke".

Schnecken auf der Spur

Schneckenbeobachtungen durchführen

Im Frühjahr oder Herbst ist in den Morgenstunden genügend Luftfeuchtigkeit vorhanden, um Schnecken sehen zu können. Diese können in der freien Natur beobachtet oder zur Betrachtung mit in die Schule genommen werden.

Schnecken suchen

Wo halten sich Schnecken am liebsten auf? Viele Schnecken lieben feuchte und schattige Standorte, andere haben sich auch auf trockene und sonnige Lebensräume spezialisiert.

Schnecken halten und füttern

Schnecken können zu Beobachtungszwecken gesammelt und mit nach Hause genommen werden.

Wichtig: Schnecken nicht am Häuschen hochziehen, sondern vorsichtig im vorderen Bereich der Sohle vom Untergrund ablösen. Am besten eignet sich dazu ein flacher Holzstab (z. B. ein Eisstöckchen).

*So bitte **nicht**: Schnecken nie am Häuschen greifen!*

Die Schnecken können für kurze Zeit in einem Terrarium gehalten werden. Dazu ein großes eckiges Glasgefäß (mit Deckel!) zu einem Drittel mit Erde füllen. Zweige, Blätter und Steine suchen, in das Terrarium legen. Regelmäßig lüften. Die Schnecken mit einem Sprüher mit etwas Wasser bespritzen, damit sie nicht austrocknen. Die meisten Schnecken ernähren sich von Pflanzen: vermoderndes Pflanzenmaterial, Flechten, Pilze, Blüten, Früchte und Knollen. Deshalb lassen sich Schnecken leicht mit Salat, Gurken-, Karotten- oder Kartoffelscheiben füttern.

Fortbewegung

Die Schnecke auf eine Glasscheibe setzen. Jetzt können die Kinder auch von unten das Tier beobachten: Die wellenförmige Fortbewegung ist gut erkennbar. Genau ansehen, wohin die Schnecke kriecht. Gute Beobachter erkennen, dass die Schnecke nicht rückwärts kriechen kann.

Tipp

Einen Spiegel auf den Tisch legen. Auf die Ecken Holzklötzchen stellen, eine Glasplatte drauf legen. Die Schnecke auf die Glasplatte setzen: Jetzt lässt sich die Bewegung bequem im Spiegel beobachten.

Nacktschnecke mit Schleimspur

Schleimentwicklung

Einen Boden mit unterschiedlichem Untergrund (Sand, Steine, Erde, Blätter etc.) herrichten. Die Schleimentwicklung der Schnecke verfolgen: Auf rauem Untergrund ist die Schleimspur viel stärker, als auf einem glatten. An dieser Stelle auch auf die „berühmten" Experimente mit Schnecken aufmerksam machen (nicht nachvollziehen!), dass die Tiere über eine Rasierklinge kriechen können, ohne sich zu verletzen. Das Tier gleitet auf seinem Schleim wie auf einem „Kissen" über die scharfe Kante. Die Schnecke kann auch ohne sich zu verletzen über eine Reibe kriechen.

Die Schnecke schleimt problemlos über eine Reibefläche

Tipp

Lack-, Sand- oder einfaches Papier auf ein Stück Pappe kleben, die Schnecke darüber kriechen lassen: Auf dem Sandpapier ist die Schleimspur dick, auf dem Papier weniger und auf dem Lackpapier nur sehr dünn.

Verhalten

Mit Glück kann sogar die Paarung von Schnecken beobachtet werden. Auch Futterexperimente lassen sich durchführen: Schnecken knabbern gern an zarten Blättern (z. B. Salat), Kartoffelpflanzen etc. Schnecken können auch riechen: Tropft man ihnen etwas Zitronensaft in den Weg, machen sie einen Bogen um die saure Flüssigkeit. Durch Wasser kriechen sie dagegen unbekümmert hindurch. Bei Gefahr ziehen sich die Schnecken in ihr Häuschen zurück. Schon bei einem Windhauch (durch sanftes Pusten simulieren) ziehen sie ihre empfindlichen Fühler ein.

Tipp

Zur „Renn-Motivation" grüne Salatblätter an den äußeren Rand legen.

Schnecken-Wettrennen

Die Schneckenrennbahn ist kreisförmig und gleicht einer Zielscheibe. Am besten wird die „Rennbahn" auf einer lackierten Spanplatte aufgemalt. Durchmesser: etwa ein Meter.

Die Schnecken beginnen das Rennen im zentralen Startfeld und können in eine beliebige Richtung laufen. Gewonnen hat diejenige Schnecke, welche zuerst den äußersten Kreis erreicht.

Die schnellste Schnecke brauchte in unserem Rennen gut 15 Minuten. Die Zeit der Schnecken mitstoppen und notieren.

Wichtig: Am Ende der Beobachtungen die Schnecken wieder in der Natur an einem geeigneten Platz, am besten an der ursprünglichen Stelle, aussetzen!

Schnecken als Nahrungsmittel

Viele Menschen finden Schnecken sehr schmackhaft: Ihr Fleisch enthält etwa dreimal soviel Protein wie das von Säugetieren. Schnecken wurden schon vor Jahrhunderten als Nahrungsmittel geschätzt und in der Schweiz gab es noch bis zum letzten Jahrhundert zahlreiche Schneckenzuchtbetriebe. In Deutschland waren Mönche und Nonnen die ersten Gourmets, die sich Schnecken auf der Zunge zergehen ließen, denn so konnten sie das festtägliche Fleischverbot umgehen. Es gibt sogar Berichte von Schneckenmast: Die Schnecken wurden mit eingedicktem Traubenmost und Mehl gefüttert. In den Klöstern des Mittelalters wurde diese Tradition fortgesetzt. Die Schnecke war eine beliebte Fastenspeise und es galt das Motto: „Lieber einen Schneck als gar kein Speck!" Besonders die Gegend um Ulm war ein Zentrum der Schneckenzucht.

Sachaspekt

Die Weinbergschnecke ist die bekannteste unter den essbaren Landschnecken (s. Seite 6). Wildlebende Weinbergschnecken sind jedoch selten geworden und in Deutschland geschützt.

Zudem ist die Zubereitung von frischen Schnecken sehr zeitaufwendig. In den Küchen werden daher meist Weinbergschnecken aus Konservendosen verwendet. Billigere Sorten aus Taiwan, China oder der Türkei enthalten meist Achatschnecken, die dem Gourmet nicht das gleiche Essvergnügen bieten (die Achatschnecke, Achatina achatina, gehört zu den Afrikanischen Riesenschnecken).

Schnecken gelten als Delikatesse und werden mithilfe einer speziellen Zange gegessen

Schnecken als Schädlinge

Sehr unbeliebt sind Schnecken bei allen Menschen, die in ihrem Garten Blumen, Kräuter oder Gemüse anpflanzen. Besonders die Nacktschnecken können in einer Nacht ganze Salatbeete abfressen oder von frischen grünen Bohnenranken nur noch kahle Stiele übrig lassen, so dass keine Ernte mehr möglich ist. Nur wenige Grünpflanzen scheinen den Schnecken nicht zu schmecken, dazu gehören Tomaten, Kapuzinerkresse, Senf und Zwiebeln.

Damit die viele Arbeit im Garten nicht umsonst ist, müssen die Gärtner ihre Pflanzen vor den Schnecken schützen. Einige kann man im Frühjahr und Sommer jeden Abend auf Schneckenfang sehen: Rund um gefährdete Pflanzen, unter Holzbrettern und unter großen Gemüseblättern wird die Erde nach Schnecken abgesucht. Wahre Tierfreunde bringen die eingesammelten „Schädlinge" zur nächsten Wiese und lassen sie dort frei.

Fleißige Nachtarbeiter: von Schnecken zerfressenes Rhabarberblatt

Die meisten Menschen töten die Schnecken jedoch, die humanste Methode ist dabei noch das Überbrühen mit heißem Wasser. Aus in der Erde vergrabenen Joghurtbechern, die zur Hälfte mit Bier gefüllt werden, können Schneckenfallen hergestellt werden. In diesen ertrinken die vom Duft angelockten Schnecken. Sägemehl, trockener Kaffeesatz, Asche und Sand können um gefährdete Pflanzen gestreut werden, bei Regen ist dies jedoch nutzlos.

Schneckenkorn (siehe Kasten rechts) wird in Gartenmärkten als Schutz vor Schnecken verkauft. Die Schnecken fressen die Körner und sterben daran. Leider ist das Schneckenkorn auch für die meisten Fressfeinde tödlich, wenn diese die toten Schnecken verzehren.

Ein ganz natürlicher Schutz, der allerdings auch gern frischen Salat verspeist, sind die indischen Laufenten. Sie fressen sehr gerne Schnecken, brauchen aber ein Wasserbecken und einen kleinen Stall.

Feinde der Schnecken

Trotz des reichlich abgesonderten Schneckenschleimes sind Schnecken für einige Tiere eine beliebte Mahlzeit. Und obwohl sich die Weinberg- und andere Gehäuseschnecken vollständig in ihre Häuser zurückziehen können, werden sie z. B. von Igeln, Spitzmäusen und Maulwürfen gefressen. Bei Blindschleichen, Eidechsen und Kröten stehen Schnecken ebenfalls auf dem Speisezettel. Kleinere Schnecken landen oft im Innern von Laufkäfern.

Auch der Igel gehört zu den Feinden der Schnecke

Selbst in der Luft lauern Feinde der Schnecken: Größere Vogelarten wie Krähen, Drosseln und Spechte machen Jagd auf sie. Auch manche Amseln zersplittern die Gehäuse mit ihren Schnäbeln, um an die Organe zu kommen.

Schneckenkorn

Schneckenkorn wird aus der chemischen Substanz Metaldehyd (Campern als „Hartspiritus" bekannt) hergestellt und ist ein Giftköder gegen Schnecken. Es handelt sich um ein Fraßgift, das nicht nur Schnecken, sondern auch Vögel, Hunde und Katzen töten kann. Bei Säugern sind die Vergiftungserscheinungen durch erhöhte Temperatur, Atemnot und Muskelkrämpfe gekennzeichnet, der Tod kann innerhalb von 24 Stunden eintreten. Auf den Menschen wirkt Metaldehyd stark reizend und kann in schlimmeren Fällen Leber- und Nierenschäden verursachen sowie Störungen des Nervensystems auslösen. Die tödliche Dosis für Erwachsene liegt bei etwa vier Gramm, für Kinder können bereits zwei Gramm lebensgefährlich sein. Bei der Auslage von Metaldehyd sind also Vorsichtsmaßnahmen zu treffen.

(aus: „Microsoft Encarta")

Schnecken, die keine sind

Teil im Ohr

Der innere Teil des inneren Ohres wird „Schnecke" genannt. In der Medizin heißt es dann zum Beispiel: „Er wurde an der Schnecke operiert." Die von Schleimhäuten ausgekleideten Kanäle des Innenohres liegen in einem verdickten Bereich des Schläfenbeines und gliedern sich in die Gehörschnecke (Cochlea), den Vorhof und die drei Bogengänge.

Teil eines Instruments

Der verschnörkelte Teil am Ende des Halses eines Streichinstruments wird ebenfalls Schnecke genannt: Die Geigenwirbel sitzen unterhalb der Schnecke.

Gebäck

Ein gedrehtes Hefegebäck wird Schnecke genannt (sie kaufte drei Schnecken; sie backt heute Schnecken).

Frisur

Wenn die Haare geflochten und die Zöpfe anschließend neben den Ohren „gedreht" werden, nennt man das „Schnecken" – ein „schneckenförmig aufgedrehter Zopf". Diese Frisur wurde früher sehr gern getragen, gilt heute aber als sehr altmodisch.

Tierhörner

Die Hörner des Mufflons sind schneckenförmig gedreht: Schneckenhörner

Süßigkeit

Ein bekannter Hersteller bietet „Lakritz-Schnecken" an.

Schneckentempo – Es wird sehr langsam gearbeitet: „Er arbeitet im Schnecken-tempo." Oder auch: „Der Verkehr war so stark, dass wir nur im Schneckentempo vorankamen." Lahm wie eine Schnecke sein.

Schneckenpost – Früher dauerte die Postzustellung viel länger als heute. Daher bekam sie den Spitznamen „Schneckenpost".

Jemanden zur Schnecke machen – jemanden herunter-machen, ausschimpfen.

Du Schnecke – umgangsprachlicher Ausdruck für eine unsympathische (weibliche) Person. Wird auch als Schimpfwort gebraucht: „Was will die Schnecke hier?" Oder in der Jugendsprache: „Gehen wir in die Disse (ugs. für Disco), Schnecken schubsen." Im Schwäbischen ist „Schneckle" jedoch ein liebevolles Kosewort.

schneckenförmig – ist, wenn etwas die Form einer Spirale hat: „Das schnecken-förmige Gewinde einer Schraube."

Sich in sein Schneckenhaus zurückziehen – Niemanden sehen und auch mit nie-mandem sprechen wollen. Sich sehr rar machen, keinen Kontakt haben.

In Anlehnung an die Schnecke:

Die Fühler ausstrecken – vorsichtig die Lage erkunden, erste Erkundigungen einholen, vorsichtig Verbindung aufnehmen.

schleimig – jemand ist unterwürfig, kriecherisch, schmierig: Ein schleimiger Kerl, schleimiges Gerede.

schleimen (siehe auch „schleimig") - jemandem nach dem Mund reden: „Guck mal, wie der schleimt" (jemand geht dem Chef um den Bart).

Der hinterlässt eine Schleimspur (siehe auch „schleimig" und „schleimen") – Die Schnecke zieht eine schleimige Spur hinter sich her. Kriecher und unterwürfige „Schöntuer" tun das im übertragenen Sinne auch.

Sprachlicher Aspekt

Ein volkstümlicher Kinderreim (gesungen) bezieht sich auf diesen Begriff:

Ri - ra - rutsch, wir fahren mit der Kutsch.

Wir fahren mit der Schneckenpost, wo es keinen Pfennig kost.

Ri - ra - rutsch, wir fahren mit der Kutsch.

Schneckenhäuser als Spielgeräte bieten Platz zum Verstecken und Klettern

Kleine Schneckengeschichten

Die Schnecken *(Novalis)*

Einst gingen zwei Jünglinge spazieren und fanden im Fahrweg einige Schnecken, die sie, besorgt, dass sie von einem Fuhrwagen zerdrückt werden möchten, in den Busch dabei warfen. „Ihr Mutwilligen", riefen die Schnecken, „warum stört ihr uns aus unsrer friedlichen Ruhe und werft uns so mutwillig hierher?" Menschenbrüder, mit wem hadert ihr, wenn euch ein kleines Ungemach geschieht? Mit einem Allweisen? Oh! Ihr Kurzsichtigen!

Aktiver Umgang

Die Geschichte langsam mit Pausen und gezielter Betonung vortragen. Den Text zwei- bis dreimal vorlesen, da der Inhalt schwer zu erfassen ist. Mit den Kindern erarbeiten, worum es in dieser Episode geht: Was machen die Jünglinge? Was wollen sie? Was denken die Schnecken? Die Begriffe „Jünglinge" (junge Männer), „Fuhrwerk" (Wagen, der von Pferden gezogen wird) und „Mutwillige" (Übermütige, in boshafter Absicht Handelnde) klären.

Herausarbeiten, dass die Männer den Tieren nur Gutes tun wollen, die Schnecken jedoch – da sie aus ihrer Sicht den Zusammenhang nicht verstehen können – empört sind. Erst dann die Moral der Geschichte erarbeiten: Nicht immer erkennen wir, warum etwas geschieht, weil wir vielleicht den ganzen Zusammenhang nicht überblicken können.

Mit den Kindern die Geschichte in eigenen Worten und in moderner Sprache nacherzählen, schreiben. Die kleine Begebenheit ließe sich auch als Rollenspiel nachstellen. Die Schnecken könnten Kinder sein, die sich unter eine Decke auf den Boden legen. Die Jünglinge könnten einen Hut tragen.

Adler und Schnecke *(Stojan Michailowski, 1965)*

Im Wipfel eines Baums auf hohem Berg
erspäht der Adler kreisend einen Zwerg.
Mit Hörnern, einem Buckelhaus – ein Ding
verschmutzt, verschleimt, armselig und gering.
Verteufelt hässlich, auch noch winzig klein!
So denkt der Adler, was kann das nur sein?
Der Adler äugt, und als er tiefer kreist,
das Zwergending als Schnecke sich erweist.
„Mit deinem Haus, du kleiner Tropf von Leben,
was willst du überhaupt in dieser Welt,
in der sich einer so wie ich kaum hält?
Wie kannst du dich in solche Höhe heben?"
„Durch Kriechen", sprach die Schnecke,
„Stück für Stück",
und zog sich in ihr Schneckenhaus zurück.

Aktiver Umgang

Das Gedicht vorlesen und die Unterschiede der beiden Tiere herausstellen:
Der Adler ist groß, schön anzusehen, kann elegant fliegen und hat sehr scharfe
Augen, ist mächtig. Die Schnecke ist klein, hässlich und langsam. Obwohl die
Schnecke sehr schlechte Voraussetzungen hat, kann sie beispielsweise durch
beharrliches Kriechen andere Vorteile erzielen. Dem Adler nützen seine ganzen
Eigenschaften und vor allem sein Eingebildetsein wenig, denn er kann der Schnecke
in ihrem Haus nichts anhaben.

Die Moral des Gedichtes: Keiner sollte sich zu viel auf seine Fähigkeiten einbilden
und auf andere herunterschauen und jeder sollte versuchen, auch wenn er noch so
benachteiligt ist, so weit zu kommen, wie es geht.

Aktiver Umgang

ABC-Quatschsätze

Wer kann den längsten Schnecken-Satz schreiben, in dem alle Wörter mit demselben Buchstaben beginnen?

> Sieben schwere Schnirkelschnecken ~~suchen~~ suchen sachte silzen schöne Sonnenschirme.
> Weibliche weiße Weinbergschnecken wollen wissen wie weit winzige Weinerzwerger weiche Wasserbomben werfen.
> Brafe bunte Bernsteinschnecken betteln bite bite beim Besten Bonbonladen.

Das „SCH"

Im Deutschunterricht lässt sich mit der Schnecke sehr schön das „Sch" üben: „Husch husch, ich bin die schleimige Schnecke!" Oder als Quatschsatz: „Schlaue Schnecken schlingern schön schräg. Schade!"

Musikalischer Aspekt

Zu singen nach dem Lied „Ich wollt' ich wär' ein Huhn"

1. Ich bin die kleine Schneck', Schneck', Schneck',
ich komme kaum vom Fleck, Fleck, Fleck,
ich strenge mich ganz furchtbar an,
doch komme kaum voran.

2. Ich gehe nie ganz raus, raus, raus,
aus meinem Schneckenhaus, -haus, -haus,
ich schleppe es mit mir herum,
doch das ist gar nicht dumm.

3. Kommt einer auf mich zu, zu, zu,
dann bin ich drin im Nu, Nu, Nu,
in Sicherheit im Schneckenbau,
das find' ich ganz schön schlau.

Hey, wir sind die Schnirkelschnecken

Hey, wir sind die Schnirkelschnecken,
schön gestreift ist unser Haus.
Kriechen über grüne Wiesen
kreuz und quer und gradeaus.
Kinder kriechen auf Knien und Händen
durch das ganze Zimmer

Strecken uns're Köpfe vor,
schauen hin und schauen her.
Schaun nach oben, schaun nach unten,
Schneckentempo, bitte sehr!
Köpfe vorstrecken und dem Text
entsprechend bewegen

Ach, da gibt es tolle Sachen,
gelbe Blumen und Salat.
Los geht's Schnirkelschneckenrennen,
wer ist Erster beim Spinat?
Im schnellen Schneckentempo
in eine Ecke kriechen

Hey, jetzt geht das Fressen los,
alles mampft still vor sich hin.
Manchmal hört man eine schmatzen,
schwups, da ist das Blatt schon drin.
Fress- und Kaubewegungen machen,
leise schmatzen

Plötzlich kommt ein großer Schatten,
alle kriechen schnell ins Haus.
Kommen nach ein paar Sekunden
langsam, langsam wieder raus.
Köpfe einziehen und Rundrücken machen,
langsam wieder strecken

Kriechen noch ein wenig weiter,
wackeln mit dem Schneckenhaus.
Hey, wir sind die Schnirkelschnecken,
das Gedicht, das ist jetzt aus.
Herumkriechen, dabei mit dem
Rücken wackeln

Dieses Mitmach-Gedicht kann sehr
schön als Stille-Übung genutzt werden.
Während des Vorlesens führen die
Kinder die entsprechenden Bewegungen
aus, gesprochen wird dabei nicht.

Mitmach-Gedicht

Kinder haben sich im
„Schneckenhaus" verkrochen

Aktiver Umgang

Kunterbunte Musterschnecken

Kreativer Aspekt

Diese Beschäftigung wird am besten in zwei Arbeitsabschnitten durchgeführt, da die schwarze Farbe vor der farbigen Gestaltung völlig getrocknet sein sollte.

Material

DIN-A3-Zeichenpapier
Wasserfarben
Haarpinsel
Deckel von Marmeladengläsern

In die Mitte des Zeichenpapiers einen kleinen schwarzen Kreis malen. Von diesem aus die immer größer werdende Spirale malen, bis das Blatt ausgefüllt ist. An einer Seite einen Kopf mit Fühlern hinzufügen.

Die Spiralen mit Mustern füllen, z. B. Bogen, Kreise, Dreiecke oder nur Striche. Nach dem Trocknen die einzelnen Felder bunt ausmalen, dabei neue Farben in den Marmeladendeckeln mischen, die neuen Farben untereinander austauschen.

Hüpfspiel

Mit Kreide ein Schneckenhaus aufmalen und dieses in 10 Felder einteilen. Jedes Kind muss bis zur Schneckenhausmitte und wieder zurück hüpfen, ohne auf die Striche zu kommen. Gelingt es einem Kind, darf es in ein beliebiges Feld einen Stein legen. Dieses Feld muss dann vom nächsten Kind übersprungen werden.

Schneckenrennen

Die Wäscheklammern zerlegen, bzw. das Vierkantholz in ca. 8 cm lange Stücke sägen. Das Papier doppelt falten, so dass ein Kreis von ca. 4 cm Durchmesser darauf gezeichnet werden kann, der am Falz etwas übersteht. Den Kreis ausschneiden, darauf achten, dass das Papier oben am Falz zusammenbleibt. Mit den Stiften das Gewinde eines Schneckenhauses aufmalen. Die unteren Ränder jeweils nach innen knicken und mit Klebstoff auf die gebogene Seite der Wäscheklammer kleben. Am dicken Ende zwei Fühler aus dünnen Papierstreifen anbringen. Den Bindfaden ca. 30 cm lang abschneiden, das eine Ende an der Wäscheklammer und das andere Ende am Bleistift festknoten.

Lauf, kleine Schnecke: je schneller der Bleistift gedreht wird, umso flotter kommt die Schnecke voran.

Auf einem Tisch mit Kreppband die Start- und Ziellinie markieren. Die Kinder stellen sich mit dem Bleistift in der Hand am Tischende auf und müssen durch Drehen des Bleistiftes den Bindfaden aufrollen und damit die Schnecken über die Ziellinie bringen.

Material

Wäscheklammern aus Holz oder
Vierkantholz, ca. 10 x 5 mm
Zirkel
Schere und Klebstoff
Papier und Stifte
Bleistift oder Holzstab
Bindfaden

Allerlei Schnecken

Künstlerischer Aspekt

Material

Leicht formbares Material, wie Knetmasse, Ton, Modelliermasse oder Fimo

Material

Viele verschiedenfarbige Steine

Ton-, Fimo-, Knet-Schnecke

Den Schneckenkörper aus einer „Wurst" rollen, ausformen, mit dem Bleistift oder einem Messer können kleine Ritzer als Muster in den Schneckenkörper eingeritzt werden. Fühler und evtl. Augen ausformen. Eine „Schlange" rollen, als Haus zusammendrehen, auf den Körper aufsetzen und leicht andrücken.

Schnecken aus Ton (oben) und Fimo (links)

Stein-Schnecke

Die Steine nacheinander im Sand (oder Erde, Stein, Rasen etc.) anordnen, dabei in der Mitte des Schneckenhauses beginnen. Im Kreis von innen nach außen arbeiten, dabei die Farbe der Steine wechseln. Ist das Häuschen fertig, den Schneckenkörper aus farblich ähnlichen Steinen legen. Für die Augen möglichst auffällige Steine wählen, evtl. (wie hier) einen kleinen Stein als Pupille einfügen. Für die Fühler wurden zwei Holzstückchen eingearbeitet.

Schnecke aus Steinen am Strand

Schnecke aus Kleister-Kugeln

Den Tapetenkleister nach Angabe des Herstellers an-
rühren, quellen lassen. Das Zeitungspapier in große
Stücke reißen (etwa DIN A4) und zu lockeren Bällen
zusammenknüllen. Eine Seite Zeitungspapier (keine
Doppelseite!) gut einkleistern, ein oder mehrere Bälle
(trocken) hineinschlagen und in die gewünschte Tier-
form drücken. Die Figur gut durchtrocknen lassen, am
besten über Nacht.

Dann die gewünschten Details herausarbeiten:
Dazu das Zeitungspapier in breite Streifen reißen, einkleistern, in die gewünschte
Form drücken und ankleben. Die gesamte Figur mit breiten Leimpapierstreifen
ein- oder mehrfach umwickeln, bis die gesamte Form stabil ist. Für die Fühler der
Schnecke Schaschlikspieße mit Papier umwickeln und einarbeiten. Im letzten
Arbeitsschritt das bunte Papier in kleine Stücke reißen, einkleistern und als letzte
Schicht aufkleben. Dabei auch Augen, Maul und farbliche Besonderheiten der
Schnecke einarbeiten.

Material

*Zeitungspapier, Tapetenkleister,
farbiges Papier zum Ausgestal-
ten (Geschenkpapier, Ton-
papier, Illustrierte, Plakate etc.)
Schaschlikspieße*

Natur-Schnecke

Auf einem Spaziergang beliebiges Naturmaterial sammeln, das sich zum
Schneckenbau eignet, z. B. Holzstückchen als Körper, Kiefernnadeln als
Fühler, Steine als Häuschen etc. Die Schnecken am Wegesrand aufbauen
und dort zur Freude anderer Wanderer stehen lassen.

Material

*Naturmaterial wie Holz, Steine,
Kiefernzapfen o. Ä.*

Schnecke auf einem Stein

Schnell gemacht: passende Steine sammeln, waschen,
trocknen lassen. Mit Lackfarben auf Wasserbasis bemalen.
Wer möchte, kann die Schnecke mit Bleistift vorzeichnen.

Rosinen-Schnecken

Zutaten Teig

300 g Mehl
150 g Speisequark
75 g Zucker
30 g weiche Butter oder
Margarine
je 6 Esslöffel Milch und Speiseöl
1 Päckchen Vanillin-Zucker
1 Päckchen Backpulver
Füllung
50 g Korinthen
50 g Rosinen
50 g Zucker
1 Päckchen Vanillin-Zucker
50 g gehackte Mandeln

Zutaten Guss

175 g Puderzucker
2 Esslöffel heißes Wasser

Den Quark mit Milch, Öl, Zucker, Vanillin-Zucker und einer Prise Salz verrühren. Mehl und Backpulver mischen, sieben und die Hälfte in den Quark rühren. Den Rest unterkneten.

Den Teig zu einem Rechteck ausrollen (etwa 35 x 45 cm) und mit der Butter betreichen.

Die Korinthen und Rosinen waschen, abtropfen lassen und mit dem Zucker, Vanillin-Zucker und den Mandeln mischen. Die Masse auf den Teig streuen, verteilen.

Die Teigplatte von der kurzen Seite her locker aufrollen und mit einem scharfen Messer 1,5 cm breite Stücke von der Rolle schneiden.

Die Stücke auf ein gefettetes Backblech legen, etwas flachdrücken. Bei 175 °C bis 200 °C 15–20 Minuten backen. Sofort nach dem Herausnehmen mit dem Guss bestreichen.

Das bewegte Schneckenhaus

Schnecken lassen sich recht einfach malen. Sie eignen sich deshalb dazu, kleine Comics zu zeichnen. Dabei sollte der Fantasie freien Lauf gelassen werden. Als Hilfestellung ist es jedoch ratsam, ein mit vier Bildern eingeteiltes Blatt vorzugeben, um den Comic etwas zu begrenzen. An einem Beispiel mit den Kindern besprechen, wie ein Schnecken-Comic aufgebaut sein könnte: 1. Bild: Zeigen, was die Ausgangssituation ist. 2. Bild: Eine Veränderung tritt ein. 3. Bild: Der „Höhepunkt" der Geschichte. 4. Bild: Die neue, veränderte Situation am Schluss.

Vielen Kindern fällt es schwer, sich von dem gezeigten Beispiel zu lösen. Wenn es die Zeit erlaubt, lieber gemeinsam an der Tafel einen Comic erarbeiten. Dann merken die Kinder beim Entwickeln der Bildergeschichte, wie viele Variationsmöglichkeiten es gibt.

Herr und Frau Schnecke kaufen sich neue Häuser

Schnecke als Holz-Puzzle

Schnecken als Verkaufschlager

Spielzeug und auch Kinderschmuck werden gern mit Schnecken gestaltet. Originell sind dabei Holzspielzeuge, bei denen sich z. B. das Schneckenhaus, eine Kugel, dreht, oder auch die Schnecke als Puzzle. Für die Herstellung sind allerdings großes handwerkliches Geschick und eine hohe Präzision erforderlich.

Holzschnecke mit beweglichem „Häuschen"

„L'escargot" – Die Schnecke

Künstlerischer Aspekt

„L'escargot"

Henri Matisse (1953)

Tate Gallery London

Henri Matisse wurde 1869 geboren und gilt als einer der bedeutendsten Künstler des 20. Jahrhunderts. Er begann mit einem gründlichen Studium von Stillleben und Aktmalerei und kopierte Werke im Louvre. Zu seinen vielfältigen Aktivitäten zählen auch Buchillustrationen, darunter Jazz (1947) mit 20 Siebdrucken in leuchtender Farbgebung, die sich aus früheren kleinen Gouacheskizzen und aufgeklebten, ausgeschnittenen Papierformen ableiten lassen. Diese Erfahrung sollte von großer Bedeutung für die großen Scherenschnitt-Werke seiner letzten Lebensjahre werden.

Matisse starb 1954 in Nizza, im Alter von 84 Jahren.

Das im Jahr vor seinem Tod gemalte Bild „L'escargot" gehört zu dieser mit Papierausschnitten geschaffenen Serie. Die Technik ist eine Mischung aus Malerei und Collage: Undurchsichtige oder halbtransparente